AF247343

VIE

DE

CHRIST. GUIL. KOCH,

CHEVALIER DE LA LÉGION D'HONNEUR,

Professeur d'Histoire et de Droit public à l'ancienne Université de Strasbourg ; Correspondant de l'Institut de France ; Recteur honoraire de l'Académie de Strasbourg, Professeur du Séminaire protestant ; ancien Député au Corps législatif et Tribun ; Membre du Directoire du Consistoire général de la Confession d'Augsbourg, de la Commission administrative des Hospices de bienfaisance, et de plusieurs Sociétés littéraires.

RÉDIGÉE

AU NOM DU SÉMINAIRE PROTESTANT

PAR

J. G. SCHWEIGHAEUSER,

Professeur au Séminaire protestant et Professeur adjoint à la Faculté des Lettres de l'Académie Royale.

STRASBOURG,

imprimé par Jean Henri Heitz, Imprimeur du Séminaire.

AVERTISSEMENT.

*L*a rédaction de cette notice fut ordonnée par le Séminaire protestant dès l'époque du décès de M. KOCH, au mois d'Octobre 1813; quelques mois auparavant lui-même avait recommandé sa mémoire au rédacteur, en lui montrant des notes et une collection de pièces relatives à sa vie.

L'impression en fut d'abord retardée par les événemens politiques et militaires, qui nous auraient empéchés d'offrir aux amis et aux parens éloignés de notre collègue cet hommage à son mérite. Ce retard fut ensuite prolongé par des circonstances personnelles au rédacteur.

On la publie aujourd'hui à l'occasion d'un monument érigé au défunt dans le Temple de St. Thomas, qui n'a pu être achevé qu'en ce moment.

VIE DE M. KOCH.

Une noble passion pour le juste et le vrai,
une sagacité peu commune et une patience à
toute épreuve dans les recherches historiques,
un talent remarquable pour en disposer les ré-
sultats, une grande pureté d'ame et le calme
imperturbable de la raison, avec un vif désir de
rendre ses connaissances, ses lumières et son
activité utiles à ses semblables; tels étaient les
principaux traits de l'esprit et du caractère de
l'homme dont nous allons retracer la vie. La
confiance de ses concitoyens le chargea de mis-
sions importantes, des circonstances étrangères
à ses goûts le lancèrent plusieurs fois dans la
carrière politique; il s'y conduisit d'après les
principes les plus purs et les plus sages; il y
fit de vifs, malheureusement d'infructueux efforts,
pour empêcher les violations faites à l'ordre social et à la tranquillité de l'Europe; il eut le
bonheur d'y rendre des services éminens à son
pays; mais il quitta chaque fois avec délice
cette mer orageuse, où la raison elle-même ser-

vant de pilote ne pouvait éviter tout naufrage, et retrouva dans le sanctuaire des lettres un asyle honorable et un port assuré. La bonté de son cœur l'avait entouré d'amis, ses intéressans travaux lui avaient procuré des liaisons illustres, il ne cessa de se livrer avec ardeur à toutes les occupations utiles à ses concitoyens, la Muse de de l'histoire lui sourit jusqu'au dernier moment et il descendit dans la tombe environné de la considération et emportant les regrets de tous les gens de bien.

Nous aurions pu le présenter successivement comme Professeur, comme écrivain et comme homme public; mais nous avons préféré de suivre, dans l'ordre le plus simple, sa longue et noble carrière, à travers les événemens variés au milieu de la vicissitude desquels il a toujours été fidèle aux mêmes travaux, au même plan de vie, pendant lesquels il n'a jamais cessé de perfectionner ce qu'il avait une fois commencé.

La famille de CHRISTOPHE GUILLAUME KOCH était originaire de Strasbourg, où son bisaïeul était Ministre du culte protestant. Son père et son grand-père furent Conseillers de la chambre des finances à Bouxwiller, petite ville du département du Bas-Rhin, qui appartenait autrefois aux Comtes de Hesse-Hanau et ensuite au Landgrave de Hesse-Darmstadt, et où se trouvait, jusqu'à l'époque de la révolution, une régence de ces Princes. C'est là qu'il vit le jour le 9 Mai 1737 et qu'il reçut sa première éducation, dirigé, comme il s'est plu à le reconnaître dans les notes qu'il a laissées sur sa vie, dans le chemin de la vertu par l'exemple de ses parens.

En 1750 son père transféra son domicile à Strasbourg et le fils continua ses études dans le Gymnase protestant de cette ville; antique et intéressant établissement, à la conservation duquel, à travers les orages de la révolution, il eut dans la suite le bonheur d'avoir une principale part.

La langue allemande dominait à Bouxwiller encore plus qu'à Strasbourg. L'étude de la langue française offrit d'abord au jeune Koch de grandes difficultés à vaincre. Il se plaça même un jour volontairement le dernier de sa classe, désespéré de ne point réussir dans la prononciation d'un mot étranger à ses organes. Du reste il se fit remarquer dès l'enfance par son assiduité au travail autant que par la douceur de son caractère et la sagesse de sa conduite.

Reçu étudiant à l'Université de Strasbourg en 1752, il fréquenta les cours de littérature ancienne et de philosophie; mais il s'attacha dès lors de préférence à l'étude de l'histoire, sous le célèbre Schoepflin, avec lequel nous le verrons bientôt contracter une liaison plus intime.

Ayant à composer, à la suite de son cours de droit, une dissertation pour obtenir le grade de licencié, il y traita l'histoire de la collation des dignités et bénéfices ecclésiastiques dans l'Empire Germanique, et discuta, avec autant d'érudition que de sagacité, les difficultés historiques et les questions de droit que présentait cette matière, que les circonstances rendaient alors très-importante et sur laquelle il eut occasion de revenir dans là suite. Cet opuscule académique, qui parut en 1762, et dont S. A. S. le Margrave de Bade daigna accepter la dédicace, commença à donner de notre jeune savant les plus hautes espérances.

Il entreprit, la même année, un voyage à Paris, où il avait un oncle maternel, M. Fleischmann, chargé des affaires du Landgrave de Hesse-Darmstadt et lié avec les savans les plus distingués de la capitale. Il y fit la connaissance de MM. de Sainte-Palaye, Capperonnier, Le-Beau, de Guignes, Barthélémy, d'Anville, de Bréquigny etc., il s'empressa de profiter de leurs lumières et fit en même temps un fréquent usage de la Bibliothèque du Roi, où il se fit remarquer par la solidité de ses recherches et par l'étendue de ses connaissances. Outre les lectures dont il s'occupa en s'y rendant, une

Dame de haute distinction y demandait pour lui, sans le nommer, les livres dont il désirait se servir hors de la bibliothèque ; plusieurs de ces ouvrages ne s'y trouvant point, ce fut lui-même que les conservateurs consultèrent sur la manière de se les procurer, en lui témoignant leur étonnement de l'érudition de la personne qui voulait en faire usage.

A son retour à Strasbourg en 1763 il se lia plus particulièrement avec M. SCHOEPFLIN, qui avait donné à cette époque une grande impulsion aux études historiques et diplomatiques dans l'université de cette ville.

« Trente ans environ avant la révolution « dit à ce sujet M. KOCH, dans un discours sur l'ancienne gloire littéraire de Strasbourg, qu'il prononça vers la fin de sa carrière, « il s'était « formé, dans le sein de notre faculté de droit, « une école vouée plus particulièrement aux « sciences politiques ; où la jeunesse française et « étrangère venait puiser les principes des négo- « ciations et les connaissances qui y sont rela- « tives. A l'étude du droit naturel, public, « universel et des gens, on y joignait celle des « sciences historiques, des traités de paix, de la « statistique, des mathématiques, des sciences « naturelles et de l'art des fortifications. Protégée « par le gouvernement et nommément par le

« Duc de Choiseul, qui nous envoya successive-
« ment plusieurs élèves de l'école royale mili-
« taire, cette institution servit aussi à nous amener
« un grand nombre d'étrangers de distinction.
« Outre l'usage des deux langues et la parfaite
« liberté des cultes, ces étrangers trouvaient
« dans notre ville tous les agrémens de la so-
« ciété, réunis à des moyens d'instruction aussi
« variés qu'étendus. «

En effet tous les professeurs, dont les connaissances avaient un rapport quelconque avec les
études diplomatiques, ou pouvaient servir de
manière ou d'autre au complément d'une éducation distinguée, s'empressaient, ainsi qu'un assez
grand nombre de maîtres particuliers, d'offrir à
ces jeunes gens leurs conseils et leurs leçons, et
de leur applanir la carrière aussi difficile que mé-
ritoire de la politique et des affaires. SCHOEPFLIN
dirigeait l'ensemble de cet enseignement; les
jeunes gens les plus illustres lui étaient adressés,
il leur donnait des maîtres ou des instituteurs
particuliers et les faisait souvent examiner en sa
présence.

M. KOCH se chargea d'une partie de cette instruction sous les auspices de cet homme célèbre,
qu'il seconda en même temps dans ses travaux
littéraires et dans le soin de sa riche bibliothèque.

SCHOEPFLIN avait acquis une haute réputation par une suite d'ouvrages destinés à éclaircir les points les plus difficiles de l'histoire moderne *). Il était lié d'amitié avec les savans les plus distingués de son siècle ; il avait été appelé plusieurs fois à des universités étrangères, mais avait refusé de quitter sa chaire de Strasbourg. Des souverains l'avaient consulté sur des contestations épineuses ; il avait provoqué la fondation des académies de Mannheim et de Bruxelles et avait été nommé Président honoraire de la première ; il était Conseiller et Historiographe du Roi de France et membre de l'académie des inscriptions et des belles lettres. Il venait d'achever la première partie de son grand et intéressant travail sur l'histoire de l'Alsace, *l'Alsatia illustrata* *), et s'occupait de *l'Alsatia diplomatica.* Il s'était fait aider pour cette seconde partie par M. LAMEY, qui fut nommé, à l'époque dont nous parlons, secrétaire perpétuel de l'académie de Mannheim, fondée sous les auspices de SCHOEPFLIN, pour faire dans le Palatinat du Rhin des recherches

---

*) *Illustres controversiae, ex historia Francica, ex Chlodovaei Magni historia, ex Britannica historia, ex historia Hispanica, Dubia historica, Vindiciae Celticae, Vindiciae typographicae* etc.

**) Deux Vol. in folio dont le premier parut en 1751. et le second en 1761.

analogues à celles dont ce savant s'était occupé au sujet de l'Alsace. Koch remplaça auprès de lui M. Lamey et continua la recherche et la disposition des matériaux de cet ouvrage, qui parut en 1772 et en 1775 à Mannheim, et dans la préface duquel Schoepflin parle dans les termes les plus honorables des deux collaborateurs qui y avaient contribué.

Le savant professeur venait aussi de commencer des recherches semblables sur le pays de Bade, sa patrie. Il y avait été engagé en trouvant dans l'abbaye de S.ᵗ Pierre en Brisgau des titres qui prouvaient authentiquement, ce qu'on n'avait fait que soupçonner jusqu'alors, que la maison de Bade descendait des Ducs de Zaeringen, ce qui en fait remonter la généalogie à Eticho, Duc d'Alsace dans le septième siècle; d'où descendent aussi les illustres maisons d'Autriche et de Lorraine.

Le premier volume de l'*historia Zaringo-Badensis*, qui fut la suite de cette découverte, venait de paraître en 1763, lorsque Schoepflin s'associa M. Koch, qui fut chargé aussi de la continuation des recherches relatives à ce travail.

En 1764 il passa à cet effet plusieurs semaines dans les archives secrètes de Carlsrouhe. M.ᵐᵉ la Margrave de Baden-Dourlach dirigeait elle-même les dessins et les gravures de cet ouvrage.

En 1766 Schoepflin légua à la ville de Strasbourg sa magnifique bibliothèque, riche surtout en auteurs classiques et en ouvrages sur le droit public, sur l'histoire générale et particulière des états modernes et sur les antiquités grecques et romaines; ses manuscrits et sa belle collection de médailles, de vases, de bronzes et autres objets antiques, rassemblés tant dans le pays que pendant ses voyages en Italie. Il y mit la condition que M. Koch en fût nommé Bibliothécaire et que la ville lui accordât un traitement convenable lorsque, par la mort du donateur, elle en aurait la jouissance effective. Koch reçut dès lors l'assurance formelle de cette place de la part du Magistrat et prêta serment en qualité de Bibliothécaire de la ville.

En 1767 il fut reçu membre honoraire de la société latine du Margraviat de Bade, qu'on venait de former à Carlsrouhe.

En 1770 il fit un voyage dans le Brisgau, la Suisse et la ci-devant Franche-Comté. Il se trouve, parmi ses papiers, une relation fort soignée de ce voyage, où il entre dans des détails intéressans sur les hommes célèbres dont il fit la connaissance, sur les bibliothèques, les archives et les monumens qu'il eut occasion de visiter, ainsi que sur les souvenirs historiques attachés aux pays qu'il parcourut. On n'en lira

peut-être pas sans intérêt le passage suivant sur
le célèbre Gessner. « J'ai été le voir à sa cam-
« pagne, située à une demi-lieue de Zuric. C'est
« un homme simple et extrêmement modeste,
« ayant peu le don de la parole. Sur ce que je
« lui témoignai ma surprise de le trouver dans
« une chambre qui ressemblait à un attelier de
« peintre ; il me dit qu'ayant été dès sa première
« jeunesse admirateur passionné de la belle na-
« ture, il avait pris à tache de la peindre dans
« ses écrits ; mais que parvenu à l'âge de quarante
« ans, où l'imagination commençait à s'affaiblir,
« il avoit cru devoir renoncer à la poésie et se
« borner à retracer les merveilles de la nature
« par ses crayons, son burin et son pinceau. «

La même année le Conseil de la maison im-
périale des enfans trouvés de Moscou, confia à
M. Koch la direction des études de trois élèves
tirés de cette maison, qui en vertu d'une fondation de S. A. Mme la Princesse de Gallitzin,
devaient être envoyés, de six ans en six ans, à
Strasbourg pour y étudier la médecine. Une
gratification annuelle de cent vingt roubles était
attachée à cette direction et à l'administration des
fonds destinés à ces études M. Koch resta chargé
de ces soins jusqu'à l'époque de la révolution où
ces jeunes gens furent envoyés à l'université de
Goettingue.

Nous perdîmes M. Schoepflin en 1771; il fut remplacé dans la chaire ordinaire de professeur d'histoire et d'éloquence par M. Lorentz qui l'avait secondé dans plusieurs de ses travaux et qui composa dans la suite des ouvrages de la plus haute érudition sur l'histoire universelle, l'histoire Germanique et l'histoire de France. Koch fut alors effectivement chargé des fonctions qui lui avaient été promises, de Bibliothécaire de la belle collection de livres et d'objets d'antiquité que Schoepflin avait légués à la ville et cette collection ayant été placée par un contrat passé avec les administrateurs de l'université, dans un agrandissement du même local où se trouvait déja la bibliothèque de ce corps et sous la même administration; le nouveau Bibliothécaire reçut de la part de l'université un modique traitement et le titre 'de professeur extraordinaire pour la partie de l'histoire.

La même année son *tableau des révolutions de l'Europe, depuis le bouleversement de l'empire Romain d'occident jusqu'à nos jours,* parut à Lausanne; mais sans le nom et même à l'insçu de l'auteur, sur les simples cahiers dont il se servait pour ses leçons. Cependant cet ouvrage, qu'il ne cessa de perfectionner depuis ce temps, eut dès lors un grand succès, et les journaux littéraires s'empressèrent d'en vanter le plan lumineux, les remarques judicieuces et l'art avec lequel l'auteur avait su renfermer sans confusion dans un cadre très-resserré le tableau animé de tous les événemens importans de l'histoire moderne.

En 1772 l'auteur entreprit un second voyage en Suisse, et examina à Bâle, par une autorisation spéciale du Magistrat, différentes expéditions du code des décrets du Concile convoqué dans cette ville en 1431. On sait que l'acceptation de plusieurs de ces décrets, par la sanction pragmatique de Charles VII, a servi de base aux libertés de l'église Gallicane. L'acceptation des mêmes décrets à la diète de Mayence en 1439, confirmée par le concordat de 1447 et modifiée par celui de 1448, faisait l'objet d'un ouvrage dont M. Koch s'occupait déja depuis plusieurs années et auquel il voulait donner une extrême exactitude.

En 1773 il prit le grade de Docteur en philosophie et en 1776 celui de Docteur en droit ; en 1777 il fut reçu membre de l'académie électorale de Mannheim. Dans les momens de loisir que lui laissaient ses cours publics et particuliers , ainsi que les recherches savantes qui devaient donner à ses leçons et à ses ouvrages une perfection toujours croissante, il rédigea, à cette époque de sa vie, plusieurs consultations diplomatiques et quelques opuscules historiques qui sont encore

en

en manuscrit dans ses papiers. Parmi ces derniers se trouve un mémoire historique sur la ville de Strasbourg et un abrégé fort succinct de l'histoire des royaumes de Lorraine et de Bourgogne, ainsi qu'une table raisonnée de toutes les oeuvres historiques qui pouvaient fournir quelques données relatives à la vie et au code de loix de l'Empereur Frédéric II, dont s'occupait alors *François Daniel*, Juris-Consulte Napolitain, qui avait demandé ces éclaircissemens à notre Professeur.

Sa célébrité s'augmentant de plus en plus, il fut appelé, en 1779, à remplir à l'université de Gœttingue la chaire de droit politique et public de l'Allemagne, vacante, depuis 1772, par la mort du célèbre ACHENWALL. Les avantages de cette chaire étaient fort supérieurs au faible traitement de Bibliothécaire et de Directeur des élèves de Moscou, auquel M. KOCH était réduit jusqu'alors dans sa patrie. Deux de ses frères étaient déja employés dans l'étranger, avec l'autorisation de la cour de France, l'un comme Ministre des Princes de Holstein-Oldenbourg à la diète de Ratisbonne, l'autre en qualité de Conseiller de légation de la cour de Russie à Vienne. Le Professeur pouvait être tenté de suivre leur exemple.

Il fit le voyage de Gœttingue et fut accueilli de la manière la plus distinguée par les savans de cette illustre université; on lui fit les plus vives instances pour l'y fixer. Il balança pendant un moment; mais le gouvernement français, instruit de l'offre qu'on lui avait faite et de sa répugnance à s'expatrier, ne voulut point céder à l'Allemagne un homme de ce mérite. M. DE GÉRARD, Préteur de la ville de Strasbourg, ainsi que M. de RAINEVAL son frère, premier commis au bureau des affaires étrangères à Paris, et M. le Marquis de BOMBELLES, Ministre du Roi à la diète de Ratisbonne, lui écrivirent les lettres les plus obligeantes pour le retenir en France, et lui obtinrent du Magistrat de Strasbourg un supplément de traitement qui améliora un peu sa position.

Il s'occupait dès lors à rédiger et à livrer, peu à peu, à l'impression son *Tableau des révolutions du moyen âge*, qui ne parut qu'en 1790.

En 1780, il publia le premier volume de ses *Tables généalogiques des maisons souveraines de l'Europe*, dont M. le Comte de VERGENNES, alors Ministre des affaires étrangères, voulut bien accepter la dédicace. Ce volume, fruit d'un travail opiniâtre, répandit un nouveau jour sur plusieurs généalogies des maisons souveraines du midi de l'Europe, et fut regardé comme un ouvrage classique par tous les publicistes. La seconde partie, destinée à répandre la même lumière sur les généalogies des maisons du Nord et de l'Est de l'Europe, offrait des difficultés plus grandes et ne fut achevée que peu de tems avant la mort de M. Koch; la première livraison n'en vient que de paraître.

La même année l'auteur fut reçu membre de l'Académie des sciences de Besançon, et l'Empereur Joseph II, pour lui témoigner sa satisfaction des progrès que faisaient, sous sa direction, plusieurs jeunes gens des familles les plus illustres de l'Allemagne, et entre autres le prince héréditaire de Nassau-Saarbrück, lui envoya de son propre mouvement, le diplôme de Chevalier de l'Empire.

En 1782, il fit le voyage de Carlsrouhe, Mayence, Spa, Bruxelles et Paris. Accueilli partout de la manière la plus honorable, il eut à Carlsrouhe un long entretien avec le Margrave règnant et sa famille; il examina, dans la bibliothèque de Mayence, quelques uns des plus anciens monumens de l'imprimerie, et dans les archives de l'Empire, les originaux de toutes les principales loix de la Germanie. Il y voua une attention particulière aux actes relatifs à l'acceptation des décrets du Concile de Bâle, dont il avait déja obtenu de la bienveillance de l'Électeur des copies légalisées et qui se rapportaient à son travail sur les libertés de l'église Germanique.

Il fut présenté à Spa, au Grand-Duc et à la Grande-Duchesse de Russie et fit la connaissance

de quelques hommes intéressans qui se trouvaient
à leur suite, ainsi que de plusieurs gens de lettres
distingués de la Hollande.

A Bruxelles, il prit des notes détaillées sur les
manuscrits relatifs à l'histoire des Pays-Bas, qu'a-
vaient rassemblés M. GÉRARD, auditeur de la
chambre des comptes et M. DES ROCHES, sé-
crétaire perpétuel de l'Académie, ainsi que sur
plusieurs autres manuscrits fort curieux que ren-
fermait la bibliothèque publique de cette ville,
rétablie par M. DE COBENZL, d'après les conseils de
M. SCHOEPFLIN, des débris de l'ancienne bibliothèque des Ducs de Bourgogne, qui avait été dis-
persée à la suite d'un incendie, arrivé au palais
en 1731. Cette bibliothèque venait d'être enrichie
par des dons magnifiques des Seigneurs et des
Couvents des différentes provinces des Pays-Bas.
M. KOCH y copia pluseurs titres et diplômes intéressans. Il fit aussi la connaissance des Abbés
de BIE et de BUE, chargés de continuer les *Acta
Sanctorum* des BOLLANDISTES, et qui étaient alors
en possession d'une collection précieuse de chartres et autres pièces historiques, malheureusement
dispersées depuis ce temps. *)

---

*) Le rédacteur de !cette noticé a fait, il y a quelques
années, dans plusieurs villes des Pays-Bas, des recherches assez opiniâtres, mais tout-à-fait infructueuses,
pour en retrouver les traces.

A Paris notre Professeur obtint de M. le Comte
DE VERGENNES l'autorisation d'examiner à fond le
précieux dépôt des archives des affaires étrangères.
Il fut introduit par M. DE BRECQUIGNY dans les
réunions des savans, chargés de rassembler les
diplômes et chartres du royaume, en une collection semblable à celle que RYMER avait donnée
à l'Angleterre, et prit lui-meme connaissance des
plus importantes de ces pièces, qu'on ne commença à publier qu'en 1791. Il se lia avec plusieurs de ces savans, ainsi qu'avec M. LE BLOND,
auteur de la description des pierres gravées du
cabinet du Duc d'Orléans, M. DESORMAUX, auteur de l'histoire de la maison des Bourbons,
l'abbé MILLOT, M. BOUCHAUD, pour lequel le
Roi venait de créer une chaire de droit de la
nature et des gens au collège royal, M. AMEILHON,
l'abbé GARNIER, l'abbé BROTIER, M. LARCHER,
M. GAILLARD, et d'autres gens de lettres occupés
de travaux solides, plus ou moins analogues aux
siens.

Revenu dans ses foyers, il eut le plaisir touchant
de réunir auprès de lui ses trois frères, dispersés
depuis long-temps dans différentes parties de l'Europe, par des fonctions honorables. Le plus
jeune, employé à Vienne, au service de Russie,
avait reçu de sa cour une mission, qui le rap-
prochait de l'Alsace, et y avait donné rendez-vous

à sa femme, qui devait ensuite le suivre à Pétersbourg. L'autre, employé à Ratisbonne, arriva aussi à Strasbourg avec sa famille, et l'ainé,
qui était Conseiller intime de la régence de Bouxwiller, mais se trouvait alors en mission à la
cour de France, accourut également à cette réunion. Ils passèrent ensemble le jour de l'an 1783
à Bouxwiller, lieu de leur naissance.

L'été suivant, notre Professeur retourna à Mayence pour examiner encore une fois avec le plus
grand soin les différens titres originaux relatifs
au concordat des Empereurs d'Allemagne avec
les souverains Pontifes. L'acceptation des décrets
du Concile de Bâle, qui avait eu lieu à la diète
de Mayence en 1439, avait été reconnue, ainsi
que les droits, libertés et règlemens de discipline
ecclésiastique qui s'en suivaient, par le Pape
EUGÈNE IV, à Rome en 1447. Mais ces dispositions avaient été modifiées par un nouvel arrange-
ment fait à Vienne en 1448. Ce dernier concordat, plus favorable à la cour de Rome, avait
fait oublier les actes précédens, dont cependant
il n'abolissait point les dispositions.

L'original de l'acceptation de 1439 avait été
imprimé pour la première fois en 1763, et les
libertés et droits qui en résultaient pour l'église
Germanique, occupaient depuis ce temps les savans
et plusieurs princes de cette église. Le rappel

de ces droits devait faire cesser la jurisdiction des Nonces du Pape en Allemagne, et faire juger sur les lieux , par des commissaires *in partibus* les procès qu'on évoquait à Rome. Il devait en résulter aussi que les dignités et bénéfices ecclésiastiques fussent accordés à des sujets plus méritans , que la cumulation des bénéfices fut limitée et la résidence plus sévèrement exigée.

M. Koch fut encouragé pendant ce voyage, par plusieurs personnes qui occupaient un rang distingué dans l'église, et entre autres , par M. Würdtwein , alors suffragant de l'Evêque de Worms , à continuer le travail qu'il préparait depuis long-tems sur cette matière ; mais qui ne lui paraissait pas encore assez perfectionné pour le livrer au public.

En 1783 , il fût nommé membre du Musée de Paris ; en 1784 , il fut aggrégé à la société royale d'éducation de Stockholm et en 1785 à l'académie des sciences de Bruxelles. En 1787 il fit un voyage à Würzbourg et à Fulde, et fit la connaissance de l'Evêque de Fulde et de plusieurs Magistrats estimables.

La même année il exerça , pour la première fois , les fonctions de Recteur de l'Université de Strasbourg , qui alternaient de six mois en six mois parmi les Professeurs ordinaires , parmi lesquels il avait pris rang peu de tems auparavant. Il prononça à cette occasion un discours latin sur les diètes provinciales de l'Alsace sous l'empire Germanique, qui se trouvaient en quelque sorte restituées à cette époque, par les assemblées provinciales convoquées par le Roi. Il y fit voir, entre autres, combien cette province avait souffert, jusqu'à l'époque de sa réunion à la France, des troubles prolongés auxquels avait donné lieu l'extinction de la maison ducale de Suabe.

A la fin de son Rectorat, il publia un programme sur un code de règlemens ecclésiastiques, qu'un Evêque de Strasbourg, nommé RACHION, avait fait écrire l'an 787 de l'ère chrétienne, et qui s'étant conservé jusqu'à ce jour, avait alors précisément mille ans. M. KOCH a donné depuis ce temps une notice plus détaillée sur ce précieux manuscrit, qui est une des plus anciennes copies existantes de la collection des décisions de conciles et des épitres décrétales des souverains Pontifes, commencée par l'Evêque ISIDORE de Séville en 633. Notre code contient un supplément de ces canons, rassemblé en 681, mais il est tout à fait exempt des additions postérieures, connues sous le nom des fausses décrétales; dont par conséquent ce manuscrit peut contribuer à fixer la date et à prouver la non-authenticité. La notice que notre Professeur en envoya à Paris en 1801, et qui fut insérée dans le VIIe. volume des notices et extraits de manuscrits de la bibliothèque du Roi, a donné lieu à ce sujet à une discussion entre l'auteur et MM. |Poirier et de Laserna, à la suite de laquelle il adopta l'opinion qui attribue l'invention des fausses décrétales à *Benedictus Levita.* *)

L'examen de ce code n'était pas étranger au travail sur les libertés de l'église Germanique, qu'il se détermina enfin à publier en 1789 ; à l'occasion des différens qui eurent lieu à cette époque entre les Archévêques de l'Empire et la cour de Rome. Il donna à cet ouvrage le titre de *Sanctio pragmatica Germanorum illustrata,* ayant jugé que l'acte d'acceptation qui en est le principal objet, pouvait être comparé à l'ordonnance de Charles VII, connu sous le nom de *Sanction pragmatique.* Il chercha même à prouver que l'acte de la diète de Mayence était plus important que l'ordonnance française, puisque, selon l'opinion qui s'était établie depuis quelque temps, et que son travail tendait à appuyer de preuves nouvelles, cet acte devait continuer à avoir force de loi en Allemagne, tandis qu'en France la sanction pragmatique fut abolie par les concordats postérieurs.

---

*) Ce code est conservé aujourd'hui à la bibliothèque publique de la ville de Strasbourg.

Un des principaux objets de cet ouvrage, que l'auteur fit imprimer à ses frais et avec le plus grand soin , ayant été de mettre hors de doute l'authenticité tant de l'acte primitif que de différentes bulles qui le confirment, il donna ces pièces d'après des copies légalisées par les archivistes à la garde desquels elles étaient confiées et par d'autres personnes respectables , dont il fit graver les signatures à la suite de chaque document ; conservant, avec le plus grand scrupule, dans le texte, les leçons du manuscrit qui avait servi d'original , et notant au bas des pages les variantes de toutes les autres copies dont il avait pu se procurer la connaissance. Il y joignit aussi des gravures fidèles de l'écriture et des sceaux des principales pièces, afin de mettre chaque connaisseur en état d'en juger.

Cette importante collection de titres précieux et d'une utilité pratique, dont plusieurs étaient nouvellement découverts ou communiqués à l'auteur par la plus haute faveur, est précédée d'une histoire diplomatique de toutes les négociations relatives à ces concordats et accompagnée de notes très-savantes.

Aussi cet ouvrage, fruit de dix-neuf ans de recherches, qui joignait le mérite d'une rare érudition à l'intérét du moment, fut-il accueilli dans toute l'Allemagne avec un vif empressement ; les journaux littéraires en firent les plus grands éloges, beaucoup de savans et de prélats en remercièrent l'auteur, et les trois Électeurs ecclésiastiques joignirent des présens honorables aux témoignages de satisfaction qu'ils lui firent parvenir.

A cette époque, qui fut celle des commencemens de la révolution, notre Professeur avait compté ou comptait encore au nombre de ses élèves MM. DE LA TRÉMOUILLE, DE LÉVIS, DE NARBONNE, D'ARGENSON, DE SÉGUR, DE CUSTINE, DE LA LUZERNE, DE TRACY, DE BOURGOING; le Chevalier DE SAXE, le Chevalier de LA SALLE, le Marquis de BREZÉ, les Comtes d'EST, MM. DE LORGES, DE CONTADES, BIGNON, OTTO, BACHER, PFEFFEL fils, EMILE GAUDIN et d'autres Français d'un nom illustre, ou qui se sont fait connaître avantageusement dans la carrière diplomatique; et parmi les étrangers d'une haute distinction, MM. DE COBENZL, SKAWRONSKY, SANGUSKO, HOWARDS, CZERNICHEF, TOLSTOI, GALITZIN, STACKELBERG, RAZOUMOWSKY, STROGANOF, EDEN, DRAKÉ, BRAHÉ, WACHTMEISTER, MONTGELAS, OUBRIL etc. etc. que sa célébrité, l'utilité de ses leçons, et l'excellence de son caractère avaient rassemblés autour de lui. Tous lui sont restés attachés par les liens de la reconnaissance jusqu'à la fin de ses jours; pour plusieurs d'entre eux, les liaisons contractées dans cette école devinrent des liens d'une amitié durable ou même des titres de protection, dans les circonstances difficiles qui ont désuni pendant si long-tems les nations et les individus. M. Koch lui-même eut souvent le bonheur de pouvoir obliger ses anciens élèves en les rapprochant l'un de l'autre, et ses liaisons, aussi étendues que brillantes, facilitèrent plusieurs négociations publiques, ainsi que tout ce qu'il entreprit pour l'avantage de sa patrie ou de ses concitoyens.

Dès la fin de l'année 1789; il fut envoyé à Paris avec M. Sandherr, Stettmeistre de Colmar, pour soutenir de concert avec les Députés [de la province, auprès de l'Assemblée constituante, les droits civils et religieux des protestans d'Alsace et de la ville de Strasbourg en particulier; tels qu'ils étaient réglés par les traités de paix et par la capitulation de cette ville.

Les protestans de ces contrées avaient été engagés à l'envoi de cette députation extraordinaire par le décret du 1 Novembre 1789, qui mettait les biens ecclésiastiques à la disposition de la nation, à charge de pourvoir aux frais du culte, à l'entretien de ses ministres et au soulagement des pauvres; tandis que le décret du 13 Avril de cette même année n'avait mis que l'entretien du culte catholique au rang des dépenses publiques. Pour ne pas priver les protestans d'Alsace de tous les moyens d'entretenir leur culte, leur instruction publique et leurs pauvres, il fallait obtenir, soit une modification du décret du 13 Avril, soit une exception de celui que l'assemblée venait de rendre.

Les biens qu'ils possédaient étaient fort modiques, ils leur avaient été garantis par des traités de paix, ils étaient formellement sécularisés et n'appartenaient point en propre au clergé, mais soit aux corps enseignans, soit à des fondations, soit aux paroisses. Si l'on avait voulu vendre ces biens au profit de la nation, au mépris de ces garanties et en méconnaissant ces sécularisations, on eut allarmé les Princes étrangers possessionnés en Alsace, qui administraient des biens de la même nature, et on aurait commis une injustice gratuite ou même onéreuse à l'état, puisque le produit de la vente n'aurait point fourni un capital suffisant à l'entretien d'un culte qui ne se soutenait, et ne se soutient encore, que par une sévère économie et par des supplémens fournis par des contributions volontaires. Il eut fallu d'ailleurs, si la nation avait voulu se charger de cet entretien, comprendre dès lors dans la même mesure les protestans de l'intérieur, qui n'avaient point de biens à offrir en échange.

M. Koch réussit, après avoir discuté à fond toute cette matière avec les différens comités de l'assemblée constituante, à obtenir en faveur des protestans d'Alsace, tant de la confession d'Augsbourg que de la confession Helvétique, le décret du 17 Août 1790, qui exceptait leurs biens de la disposition ordonnée par le décret du 2 Novembre 1789, et par lequel ils furent maintenus dans tous les droits qui leur avaient été reconnus lors de la réunion de cette province à la France.

Le décret ajoutait même que les atteintes, qui pouvaient avoir été portées à ces droits, seraient considérées comme nulles et non avenues, et posait en principe que la différence des opinions religieuses ne devait avoir aucune influence dans les élections aux fonctions publiques.

Pendant son séjour à Paris, notre Professeur fut consulté par les comités de l'assemblée sur plusieurs affaires importantes, étrangères à sa mission, et notamment sur les plaintes des princes et états de l'empire Germanique, qui avaient des possessions dans notre province et qui étaient frustrés, par le nouveau régime, de droits tant utiles que honorifiques. Il proposa de leur en offrir des indemnités, et commença même, de concert avec le comité diplomatique, une négociation à ce sujet. Il développa de nouveau ses idées sur cette affaire, et fournit des notions précieuses sur les intérêts à concilier, dans un mémoire envoyé au même comité l'année suivante.

Outre les différens mémoires qu'il fit imprimer pendant son séjour dans la capitale, relativement aux intérêts des protestans dont il était chargé, il adressa à l'assemblée nationale des réflexions sur le nouvel ordre judiciaire, et proposa d'exiger des juges de tous les tribunaux établis en Alsace, la connaissance des deux langues en usage dans ce pays.

Il acheva et publia aussi dans le même temps son *Tableau des révolutions de l'Europe dans le moyen âge*, dont l'impression avait été commencée dès l'année 1779. Il y traita avec un soin particulier et avec des vues alors nouvelles, l'histoire de Dgengiskhan et de l'empire du Grand-Mogol, celle des dynasties Arabes, tant dans l'Orient qu'en Europe, et celle de plusieurs découvertes, dont l'origine se perd dans la nuit du moyen âge, telles que l'invention de la poudre à canon et les premières traces de l'usage de la boussole. Ses recherches contribuèrent même beaucoup à répandre des idées plus justes sur les deux derniers points, qui sont au nombre des problêmes les plus difficiles de la critique historique. *) Ses matériaux s'étant successivement

---

*) Il fut aidé dans les recherches scientifiques qu'exigeait cette discussion par son collègue M. Schurer, Professeur de physique et de chymie.

augmentés pendant le cours de l'impression, il s'excuse dans la préface du défaut d'harmonie et de proportion dans les parties, qui pouvait en être resulté, et il refondit dans la suite cet ouvrage dans les différentes éditions de son tableau général des révolutions de l'Europe. Cependant les parties traitées plus à fond dans les *révolutions du moyen âge*, rendent ce livre également précieux à ceux qui possèdent le tableau général.

Avant son retour de Paris, il fut nommé membre de l'administration du district de Strasbourg. Revenu dans cette ville, il eut à défendre le décret du 17 Août, tant contre une motion faite dans la société des amis de la constitution, pour faire adopter un système différent, que contre les objections de quelques protestans qui ne trouvaient point assez d'avantages dans les dispositions qu'il avait obtenues. Il chercha, par une correspondance active avec les comités de l'assemblée, à faire régler définitivement ce que le décret rendu à sa sollicitation laissait encore de vague ou d'indécis. Il en résulta le décret du 1.er Décembre 1790, qui excepta de nouveau les biens des protestans d'Alsace, et de quelques cantons adjacents, de la vente des biens nationaux décrétée dans l'intervalle, et leva toutes les difficultés relatives aux droits et aux charges que pouvait occasionner cette exception.

Il

Il fut chargé en même temps, par l'administration ecclésiastique, de la rédaction de différens mémoires historiques sur les affaires du protestantisme depuis son origine jusqu'à ce jour, qui avaient été demandés par M. CHASSET, et qui furent envoyés à Paris au mois de Mars 1791 *).

Le 29 Août 1791 il fut élu député du département du Bas-Rhin à la première assemblée législative. « Quelque grande que fut ma répu-« gnance ” dit-il à cette occasion dans les notes qu'il a laissées sur sa vie, « de me présenter « sur un théatre public si orageux et qui ne « convenait nullement à mes goûts, je ne pus « refuser d'accepter la vocation qui m'était adres-

---

*) Voici les titres de ces mémoires qui sont restés manuscrits.

1.º Précis historique de la confession d'Augsbourg, de ses variations et de son affermissement par la paix de religion en 1555 et par celle de Westphalie en 1648.

2.º Précis historique de l'établissement de la confession d'Augsbourg en Alsace.

3.º Observations générales sur le régime ecclésiastique des protestans et sur les variations qu'il a éprouvées soit en Empire soit dans la ci-devant province d'Alsace.

4.º Origine des biens ecclésiastiques appartenant aux protestans de la confession d'Augsbourg en Alsace.

5.º Etat actuel de la confession d'Augsbourg, de son régime ecclésiastique, de l'administration de ses établissemens etc. etc.

« sée par la confiance de mes concitoyens, et
« qui pouvait me mettre en état de leur rendre
« des services essentiels dans les parties dont je
« m'étais principalement occupé."

Notre professeur n'avait jamais partagé les espérances exaltées qu'avaient conçues du nouvel
ordre des choses des têtes ardentes, auxquelles
un bouleversement général paraissait nécessaire.
La révolution avait même contrarié ses goûts
personnels, et dérangé ses habitudes et sa carrière
en écartant de notre pays ces étrangers auxquels
il donnait des leçons si utiles et si brillantes.
Mais les idées libérales, renfermées dans de
justes bornes, n'étaient point en opposition avec
ses principes. Les nobles efforts des peuples pour
s'assurer des libertés légales, tant civiles que
religieuses, et l'influence de la civilisation renais-
sante sur l'ordre politique, depuis les premières
libertés, accordées aux communes par le bienfait
de nos Rois, jusqu'à l'extinction de la féodalité,
dont la cessation devait conduire nécessairement
à une base nouvelle de l'ordre social, avaient
occupé une grande place dans ses recherches
historiques et dans ses méditations. Les mêmes
études l'avaient intimement convaincu des avantages d'une constitution monarchique, ainsi que
des dangers extrêmes attachés à tout bouleversement de l'ordre établi. Un grand changement

étant consommé, il ne pouvait voir le bonheur de la France que dans le maintien de ce qui existait alors, et tous ses efforts tendirent à écarter tout ce qui pouvait y porter de nouvelles atteintes.

Voici ce qu'il dit lui-même sur les principes de conduite qu'il s'était formés dans cette assemblée, où il fut appelé à des fonctions assez importantes, et dont il eut été à desirer que tous les membres eussent partagé les mêmes sentimens.

« Lors de la formation des différens comités,
« je me proposai pour ceux de législation et
« d'instruction publique : mais je fus porté, mal-
« gré moi, sur les listes du comité diplomatique.
« J'en fus même élu président, et cette prési-
« dence me fut continuée lors du renouvelle-
« ment au mois de Mars 1792, de sorte que
« je fus forcé de la conserver jusqu'à la fin de
« la session.

« Dès le commencement je m'aperçus que
« deux partis opposés s'empressaient à l'envi de
« diriger cette nouvelle assemblée, chacun selon
« ses intentions, et d'en attirer les membres de
« leur côté. Je pris en conséquence, dès le pre-
« mier moment, la ferme résolution de ne m'at-
« tacher ni à l'un ni à l'autre; trouvant contraire
« au devoir d'un représentant de la nation de

« se mettre dans la dépendance de factions qui
« cherchaient à nous diviser et à nous dominer.

« Je m'aperçus également, non sans surprise,
« qu'il se montrait dès lors un parti qui atta-
« quait à chaque occasion la constitution et
« laissait percer le dessein de la renverser. Je
« regardai en conséquence comme un devoir
« sacré envers mes commettans et envers la na-
« tion entière de maintenir, autant qu'il dépen-
« dait de moi, cette constitution, acquise par
« tant d'efforts.

« Voyant de plus que le pouvoir législatif
« s'était arrogé une prépondérance marquée sur
« le pouvoir exécutif, je me crus, par les
« mêmes principes, obligé en conscience de dé-
« fendre de toutes mes forces ce dernier contre
« les attaques du premier, convaincu que le
« bien général ne pouvait résulter que de l'ac-
« cord et de l'équilibre légal des deux. "

« Jamais je ne pus me persuader que le Roi
« entravait volontairement la marche des affaires
« et cherchait, comme on se plaisait à le dire,
« à renverser la constitution par la constitution
« même. Je croyais plutôt que les embarras
« qu'on remarquait dans la marche du gouver-
« nement, étaient une suite naturelle des frois-
« semens de la machine politique encore nou-

« velle, et en partie l'effet des empêchemens
« que l'on opposait chaque jour à dessein au
« pouvoir exécutif etc."

Il développa les mêmes principes dans une
lettre, adressée le 19 Décembre 1791, au prince
Victor de Broglie, membre de l'assemblée constituante, qui commandait alors à Strasbourg et
qui avait écrit à la députation du département
du Bas-Rhin à Paris pour l'exhorter à l'union
et au maintien de la constitution. « Tous les
« bons esprits de l'assemblée ", dit-il entre autres
dans cette lettre, « sentent parfaitement bien
« que de l'union entre les pouvoirs constitués
« dépend le salut de l'état, et que vouloir tou-
« cher maintenant à la constitution et aux vices
« qu'elle peut présenter, c'est en effet vouloir la
« détruire et replonger la France dans un nou-
« vel état d'anarchie, dont elle aura bien de la
« peine à se relever etc."

Voici comment, dans les mêmes notes, il re-
trace les principes qu'il s'était formés relativement à la politique extérieure. « Dans le co-
« mité diplomatique, tous mes efforts avaient
« pour but d'éviter une guerre qui ne pouvait
« être que funeste. Car j'étais de l'opinion que
« la constitution ne pouvait être maintenue que
« par la paix au-dehors et par la concorde inté-
« rieure : que la France n'avait rien de réel à

« craindre des autres puissances, tant qu'elle vou-
« drait elle-même conserver la paix : mais que
« dans le cas d'une rupture avec l'Autriche, une
« guerre générale était inévitable, et que cette
« guerre ne pouvait être que contraire aux véri-
« tables intérêts de la nation, et aux avantages
« qu'elle espérait retirer de ses efforts. "

C'est par ces raisons qu'il ne cessa, d'une part, d'insister sur la nécessité de tenir à l'égard des gouvernemens limitrophes de la France une con-duite juste et sage, et de l'autre de rassurer l'as-semblée au sujet des dispositions hostiles que l'on supposait à l'Empire et à l'Empereur d'Al-lemagne.

Ces vues conciliatrices dictèrent le rapport qu'il fit, le 1.er Février 1792, sur la lettre que l'Empereur Léopold avait écrite au Roi relative-ment aux changemens que la révolution avait produits en Alsace et en Lorraine et aux lésions que la suppression des droits féodaux avait fait éprouver aux membres de l'Empire Germanique possessionnés dans ces provinces.

Le rapporteur chercha à prouver d'une part, par les expressions textuelles des traités et de l'acte de cession de 1648, déposé aux archives des affaires étrangères, que la France avait agi en vertu du droit de souveraineté qui lui avait été cédé sur ces provinces ; mais soutint en même temps le droit incontestable qu'avaient les possesseurs lésés à des indemnités convenables, et fit voir que, pendant tout le temps où cette affaire avait été traitée à la diète de l'Empire, l'Empereur Léopold n'avait cessé d'y manifester des intentions pacifiques et de chercher à terminer, par sa médiation, les différens entre la France et l'Empire par des voies de conciliation et d'accommodement.

Lorsque ce rapport fut prononcé à la tribune, un député courut y embrasser l'orateur et s'écria vers l'assemblée, « *c'est M. Koch qui nous apprend à faire des rapports !*" Un autre proposa de faire traduire cette pièce dans toutes les langues de l'Europe et de l'envoyer à toutes les cours.

Cependant ce même rapport, dont la première partie donna lieu à des contestations de la part des publicistes de l'Allemagne, relativement au point de droit que l'auteur avait cherché à y établir, fut bientôt vivement attaqué en France, et au sein même de l'assemblée, au sujet des vues paisibles et rassurantes qu'il présentait. Les partisans de la guerre et du renversement du trône empêchèrent même l'orateur de répondre aux objections qu'on lui faisait, et plusieurs discours qu'il avait préparés à cet effet ne purent

être prononcés qu'au sein du comité diplomatique. L'amour de la paix et le sentiment intime
de la nécessité d'une sévère prudence, dans les
circonstances difficiles où se trouvait dès lors la
France, y avaient inspiré à l'orateur quelques
mouvemens d'une haute éloquence. « Quoi ,"
s'écrie-t-il entre autres dans la première de ces
réponses, « vous exigiez qu'au milieu de cette
« effervescence générale qui animait tous les
« esprits, quand plus d'une fois le cri de la
« guerre retentissait dans cette salle, quand on
« alla jusqu'à vous proposer le serment de ne
« mettre bas les armes que lorsque tous les
« trônes seraient renversés et que la liberté uni-
« verselle serait affermie sur le globe; vous
« vouliez, dis-je, que les puissances n'en fus-
« sent point allarmées; vous vouliez qu'en se
« reposant uniquement sur la loyauté française,
« sur la sagesse de notre constitution , qui ne
« respire que la paix, sur le fléau de nos di-
« visions intestines, sur l'état flottant de nos
« armées, sur le système peu consolidé de nos
« finances, elles ne prissent aucune des mesures
« que la prévoyance pouvait leur dicter, soit
« pour se garantir de nos attaques qu'elles ap-
« préhendaient , soit pour maintenir les gou-
« vernemens établis, dont elles craignaient la
« subversion ?"

Les mêmes sentimens se retrouvent dans un rapport présenté, au mois de Mars, sur *l'office* de l'Empereur du 17 Février, où ce souverain développait les raisons qu'il avait de persister dans son alliance avec le Roi de Prusse et la Saxe, et parlait de modifications qu'il desirait voir faire dans la constitution, pour faciliter la réconciliation avec les émigrés et pour assurer le sort du Roi.

« Votre comité n'ignore point," y dit l'orateur, « que la nation française est bien éloi-
« gnée de craindre la guerre, il sait qu'à la
« voix de ses représentans cette nation valeu-
« reuse se précipiterait, sans hésiter, au milieu
« de tous les hazards : mais plus le peuple
« français est brave et magnanime, et plus nous
« devons être avares de son sang. Il y a plus,
« Messieurs, vos principes, qui sont aussi ceux
« de l'humanité, ne vous font-ils pas un devoir
« rigoureux d'épargner en général l'effusion du
« sang des hommes, et de ne le faire verser
« qu'autant que la nécessité ou l'honneur, que
« les Français ne distinguent point de la néces-
« sité, vous en ferait impérieusement la loi."

« Croyez vous, Messieurs, que si vous atta-
« quez l'Empereur ou la maison d'Autriche, les
« autres puissances de l'Europe resteront simples
« spectatrices ? Les résolutions de la Prusse vous

« ont déja été annoncées. Le corps Germanique
« ne manquera pas de suivre l'impulsion que
« les deux puissances dominatrices de l'Alle-
« magne jugeront à propos de lui donner. L'An-
« gleterre nous verra-t-elle avec indifférence
« établir dans les Pays-Bas le théatre de la
« guerre, arborer le drapeau tricolore sur les
« murs de Bruxelles, de Gant, d'Anvers ; cou-
« vrir l'Escaut et les ports des Pays-Bas de nos
« flottes ? "

« Songez à quelle responsabilité vous seriez
« exposés envers la nation française, si allumant
« sans nécessité une guerre dangereuse, elle
« était malheureusement accompagnée de ces
« revers que souvent ne sauraient empêcher ni
« la valeur du soldat, ni l'habileté et l'expérience
« des généraux. Laissez, laissez donc au Roi
« la liberté de suivre le cours des négociations
« entamées avec l'Autriche ; c'est le voeu de la
« constitution ; c'est encore pour vous le conseil
« de la prudence. Car si vous traversez la
« marche du pouvoir exécutif, si vous l'obligez
« à prendre des mesures qui ne sont pas les
« siennes, alors vous faites cesser la responsabi-
« lité de ses agens, et faisant au-de-là de votre
« devoir, vous prenez sur vous mêmes tout le
« risque des événemens. "

Tout ce qui est arrivé depuis ce temps n'ayant

que trop justifié les sinistres pressentimens de notre législateur diplomate, on a cru devoir faire connaître avec quelques détails ces rapports, qu'il regarda vers la fin de sa carrière comme ses plus nobles titres à l'estime de la postérité, et qui en effet, s'ils avaient été écoutés, auraient évité à l'Europe entière les longs malheurs dont elle a gémi.

On sait que la déclaration de guerre fut emportée, pour ainsi dire, de vive force, par le parti qui voulait la subversion du trône, et qu'elle eut lieu sans que l'on attendit la réponse de la cour de Vienne sur un *ultimatum* concerté entre le gouvernement et le comité diplomatique.

M. Koch, n'ayant pu parvenir à faire écouter la voix de la sagesse dans cette question générale, n'en continua pas moins à défendre, tant à l'assemblée qu'au comité, les principes de la justice et d'une saine politique dans les affaires particulières des princes étrangers.

Il avait fait, au mois de Janvier de cette année (1792), un rapport contre la mise en état d'accusation du Cardinal de Rohan, ancien Evêque de Strasbourg. La guerre fut déclarée le 20 Avril. Il proposa au mois de Mai de ne point traiter comme émigrés les princes Charles

Eugène et Joseph Marie de Lorraine, ainsi que de confirmer la convention d'indemnités passée avec les princes de Salm - Salm et de Loewenstein-Wertheim. Il chercha, encore au mois de Juin, à faire rendre justice aux princes de Nassau-Saarbrück, dans une réclamation relative à l'abbaye de Wadgasse.

Cependant cet homme si juste, qui avait toujours observé, et s'était efforcé de faire observer, à l'égard des puissances étrangères, toutes les convenances politiques, du sentiment moral desquelles il était aussi profondément pénétré qu'il en possédait à fond la théorie diplomatique ; fut calomnié dans plusieurs cours, comme étant la cause de toutes les sorties indécentes contre ces puissances que l'on faisait de temps en temps à l'assemblée législative.

La principale occasion de ces calomnies fut un *numéro* du journal du soir, où une déclamation très-indécente que Ruhl, son compatriote et son collégue, mais son plus violent antagoniste au comité diplomatique et à l'assemblée, s'était permise contre la plupart des potentats et nommément contre l'Impératrice Catherine II, avait été attribuée à notre professeur.

« Le Roi lui-même, qui lisait tous les journaux," dit-il à ce sujet dans ses notes, « y

« fut d'abord trompé, et se plaignit de moi;
« mais l'erreur ayant été rectifiée le lendemain
« dans les autres feuilles, S. M. m'en fit faire
« des excuses par M. DELESSART, alors Ministre
« des affaires étrangères."

L'impression funeste ne fut pas aussi facile à détruire dans les cours étrangères, où les ennemis de M. KOCH répandirent à dessein la feuille qui y avait donné lieu. Ses frères employés dans la carrière diplomatique, l'un à Ratisbonne et l'autre à Pétersbourg, en éprouvérent de grands désagrémens. Le dernier en reçut des reproches directs de l'Impératrice et fut peu à peu écarté de toutes les affaires. Dans la suite Paul I ne lui rendit sa confiance que lors des persécutions que notre professeur essuya du temps de la terreur. « Etrange influence des malheurs d'un « frère sur le bonheur de l'autre!" dit à ce sujet l'auteur d'une note intéressante sur le Conseiller KOCH de Pétersbourg, insérée dans le troisième volume des mémoires secrets sur la Russie. *)

---

*) Ce frère de notre Professeur, dont nous avons déja parlé plus haut, avait été le principal rédacteur du traité de commerce entre la France et la Russie; il avait parcouru avec distinction tous les grades diplomatiques, et avait été employé dans plusieurs négociations importantes. „Il était considéré comme l'un

En effet notre sage législateur, après avoir provoqué, par les lettres qu'il écrivit à ses commettans, aux approches du 10 Août et dans la matinée même de cette funeste journée, une adresse, où 5000 citoyens de Strasbourg déclarèrent qu'ils regarderaient la destitution du Roi comme le plus grand malheur qui put arriver à l'état, et comme ne pouvant aboutir qu'à la ruine de la patrie, à l'envahissement de cette frontière et à la guerre civile ; après s'être soustrait aux horreurs du mois de Septembre par un voyage en Suisse et en Allemagne et après avoir lutté, au commencement de l'année suivante, contre les attaques que le régime révolutionnaire portait à nos établissemens d'instruction publique : il fut arrêté, au mois de Septembre, avec plusieurs de ses collègues à l'université, et un grand nombre

---

des plus savans publicistes du cabinet de Pétersbourg et fut souvent admis à discuter des matières politiques avec l'Impératrice en personne. L'Empereur Paul I, à son avénement, lui donna d'abord des preuves de sa malveillance ; mais ayant ensuite senti le besoin d'un négociateur versé dans les affaires d'Allemagne, il le créa son conseiller privé et chevalier de son ordre, pour l'envoyer à la diète de l'Empire. Koch mourut subitement en se préparant à partir pour Ratisbonne."

V. les *Mémoires secrets sur la Russie* etc. T. III. p. 98 et 99.

des citoyens les plus estimables de la ville de Strasbourg, qui n'avaient cessé de s'opposer à la tyrannie révolutionnaire.

Il fut momentanément mis en liberté, avec ordre de s'éloigner des frontières, mais il fut arrêté de nouveau dans sa retraite, par le trop fameux Euloge Schneider, et languit pendant onze mois dans différentes prisons, exposé plusieurs fois à périr, victime de ses principes et de sa conduite noble et généreuse.

Il fut enfin remis en liberté par le représentant Foussedoire ; et M. de Bailly étant venu ensuite organiser les autorités civiles de Strasbourg dans un meilleur esprit et en consultant le voeu des honnétes gens, il fut nommé Administrateur du Département.

Chargé dans cette administration du bureau des domaines, il fit prendre, de concert avec M. Braun, son collègue à l'université et Président de l'administration départementale, deux arrêtés qui suspendaient les soumissions sur les biens des hôpitaux et autres établissemens de bienfaisance ; ainsi que celles sur les biens de la fabrique de Notre-Dame, chargée de l'entretien du magnifique batiment de la Cathédrale de Strasbourg. Ces mesures conservatrices firent rester les premiers de ces biens intacts, jusqu'à ce que la convention elle-même prononça le sursis à la vente des biens des hospices, par son décret du 9 Fructidor an III, les seconds furent mis un peu plus tard sous un séquestre, à la levée duquel il eut également le bonheur de pouvoir contribuer dans la suite.

Quoique n'employant l'influence que lui donnaient les fonctions dont il était chargé qu'à être utile à ses concitoyens, il attendait avec impatience le moment d'être délivré des soins administratifs et de pouvoir enfin rentrer dans la carrière littéraire et d'enseignement; où il avait obtenu, quelque temps auparavant, le rang de Professeur de la faculté de droit et le traitement de la fondation de Saint-Thomas. Nommé Electeur pour le renouvellement des autorités civiles, il employa tous ses efforts pour n'être désigné à aucune fonction publique. „Je fus assez heureux," dit-il dans une note écrite à cette époque, « pour « obtenir ce que je desirais; le nouveau département entra en fonctions le 1.^{et} Brumaire « an IV et je fus libre."

Ne tardant point à mettre ce loisir à profit pour les occupations qu'il avait quittées avec tant de regrets, il commença sur le champ la révision de son histoire des traités de paix de l'Europe, depuis la paix de Westphalie jusqu'à la paix de Fontainebleau de 1785 et au traité

de

Constantinople de 1784 *) ; dont la librairie de Decker à Bâle venait de lui offrir d'entreprendre l'impression.

Cet important ouvrage parut en quatre volumes, en 1796 et 1797, au milieu même d'une série de négociations et de traités entre la République française et la plupart des Puissances de l'Europe, dont l'auteur s'abstint de parler, parce qu'avec raison il ne les regardait que comme des dispositions passagères et qui n'étaient point de nature à fonder un véritable droit public de l'Europe; mais dont les éditeurs ajoutèrent les textes à la fin du quatrième volume. Il avait rassemblé les matériaux de cet ouvrage et en avait dicté la substance à ses élèves, dans des cours particuliers, long-temps avant la révolution. Il l'avait successivement étendu et perfectionné par des communications importantes de traités, en partie inédits, qui lui furent faites des archives de plusieurs cours étrangères, ainsi que par l'accès qu'il eut au dépot de Versailles. Le but

---

*) M. Koch parle expressément de cette révision, dans ses notes sur cette époque de sa vie ; ce ne fut sans doute que par quelque motif de prudence et de ménagement pour les circonstances du moment , que les éditeurs ont dit dans l'avertissement, placé à la tête du premier volume, qu'il en avait perdu de vue le manuscrit, depuis la révolution.

qu'il s'y était proposé , était de faire connaître,
aussi exactement que cela était possible dans un
espace resserré , les bases de tout le système politique de l'Europe, et particulièrement les progrès de ce système d'équilibre , de barrières et
d'intérêt général , qui se développa depuis le
quinzième siècle et fut consolidé par le traité
de Westphalie. Pour rendre son travail plus
utile aux jeunes diplomates , il fit précéder l'histoire des négociations et des traités par celle des
guerres qui y avaient donné lieu et par des
réflexions sur les causes de ces guerres. « En
« suivant exactement le fil des traités et des né-
« gociations ," dit - il dans l'introduction , « on
« découvre l'origine de tous les événemens qui
« ont changé la face du monde politique et fixé
« les véritables relations entre les différentes
« puissances de l'Europe.' "
Cependant l'historien ami de l'humanité ne
peut voir sans un mélange de sentimens pé-
nibles ces essais toujours infructueux de fixer
sur des bases solides ce système général de l'Europe, dont le but est, comme dit l'auteur, « le
« maintien de la tranquillité publique, de préser-
« ver le faible de l'oppression du plus fort,
« d'opposer des barrières aux projets ambitieux
« des conquérans et de prévenir les dissensions,
« sources ordinaires des calamités inséparables de

« la guerre ; mais où il n'arrive que trop sou-
« vent que par la faiblesse des vues humaines,
« par la force impérieuse des passions et par la
« lutte des intérêts particuliers contre l'intérêt
« général, les moyens qu'on croyait propres à
« prévenir les guerres en ont été précisément
« les mobiles."

Ah! n'arrivera-t-il donc jamais le moment où la civilisation, la justice, la religion, tous les mobiles honnêtes et vertueux que le créateur a placés dans le coeur de l'homme, feront préva- loir l'intérêt général sur les intérêts particuliers, l'humanité sur l'ambition, la raison sur les pas- sions? où les liens de cette fraternité, que les chefs de la grande famille des peuples de l'Europe se sont jurée si souvent, conduiront en effet ces peuples et ces puissances au plus haut degré de bonheur et de prospérité que peuvent atteindre les efforts communs d'une paisible émulation dans les progrès de l'industrie, des sciences et des lumières?

Les écarts funestes de l'ambition populaire et nationale, dont l'auteur avait été témoin, et qu'il voyait se développer de plus en plus, ne cessèrent de lui inspirer de vives inquiétudes. Il avait été nommé, ainsi que plusieurs de ses compatriotes, membre de l'Institut lors de la formation de ce corps. Dans une notice sur son ouvrage qu'il adressa à la classe des sciences historiques, il prédit les commotions violentes et l'ébranlement de toute la machine politique de l'Europe, qui ne pourraient manquer d'être la suite des systêmes que l'on commençait à déployer à cette époque, et notamment de l'atteinte portée à l'équilibre général par l'affaiblissement de l'Empire Germanique, dont la constitution était la base principale de cet équilibre. Il était tellement persuadé de ces principes, qu'en 1795 et encore en 1800, il adressa au gouvernement des mémoires très-énergiques et pleins de raisonnemens lumineux contre le systême des limites du Rhin, prévoyant, dès la première de ces époques, combien cette constitution en serait altérée, ainsi que les dangers qui devaient en résulter, dans la suite, pour la France ellé-même.

Pendant que cette histoire des traités de paix s'imprimait à Bâle, l'auteur donnait à Strasbourg des cours sur l'histoire de la révolution française, sur la statistique et sur les révolutions de l'Europe. Pour conserver son docte loisir, il avait refusé une place de juge au tribunal du Bas-Rhin et plusieurs autres propositions de fonctions publiques. Cependant, toujours plein de zèle pour tout ce qui pouvait contribuer au bien-être de ses concitoyens, non seulement sous des rapports littéraires , mais aussi pour leurs intérêts civils, il fit imprimer, au commencement de l'an 1797, un mémoire fort savant sur la nature des biens ruraux dans les deux départemens du Rhin, et prouva que le rachat des rentes, très favorisé par les loix de ce temps, ne saurait être appliqué à la plupart des biens de cette province, sans une lésion manifeste du droit de propriété.

Il entretint aussi pendant tout ce temps une correspondance très-active sur nos affaires d'instruction publique et sur d'autres intérêts locaux avec ses amis de Paris, et particulièrement avec M. HERMANN , alors membre du conseil des cinq cents, qui ne cessa de seconder les vues conservatrices de notre professeur et de rivaliser de zèle avec lui pour tout ce qui pouvait être utile et glorieux pour la ville à laquelle ils avaient voué leurs efforts.

Après un voyage à Ratisbonne, où il revit son frère, et à la suite duquel il donna des avis, malheureusement infructueux, sur la manière dont on aurait pû hâter les négociations entamées d'après les préliminaires de Léoben, et conclure la paix à la fois avec l'Empereur et l'Empire, il publia la première édition de ses tablettes chronologiques, qui avaient circulé jusque-là dans des copies manuscrites entre les mains de ses auditeurs, et qui, perfectionnées et continuées dans plusieurs éditions successives, forment aujourd'hui un des plus intéressans accessoires de son tableau des révolutions de l'Europe.

En 1798, il fut appelé aux conférences entamées à Seltz avec M. le Comte de Cobenzl, Ministre de S. M. l'Empereur d'Allemagne, qui avait été son élève, et lui avait conservé un vif et sincère attachement. Quelques mois plus tard il fut consulté par les ministres de Rastadt sur les négociations du congrès établi dans cette ville, et leur adressa, tant sur les articles dont on était déjà convenu que sur ceux qui restaient encore à discuter, des observations où il donna de nouvelles preuves de la justesse de son jugement et de ses profondes connaissances, tant du droit public de l'Allemagne, que des localités sur lesquelles roulaient quelques uns des principaux différens. Dans la lettre d'envoi, il exprima ses craintes sur l'issue de cette négociation, et attribua principalement aux affaires de Rome et de la Suisse, ainsi qu'à l'expédition de Malte et d'Egypte, les nuages qui s'élevaient de nouveau sur l'horizon politique.

En 1799, il composa, pour la séance d'ouverture d'une réunion libre d'amis des sciences et des arts qui se forma à Strasbourg et dont il fut nommé Vice-Président, un mémoire fort intéressant sur une société littéraire fondée dans notre ville, vers la fin du quinzième siècle, par JACQUES WIMPHELING. Dans cette ancienne réunion savante, connue surtout par l'éloge qu'en font dans leur correspondance ERASME et BEATUS RHENANUS, et qui prépara la formation et le succès de l'Université de Strasbourg, on examinait les ouvrages, tant anciens que modernes, qui devaient voir le jour et l'on discutait tout ce qui pouvait contribuer à l'avancement de la littérature. Dans une des lettres où ERASME, qui était à la tête d'une société pareille à Bâle, fait le récit de l'accueil qu'il reçut dans celle de Strasbourg, il dit avoir trouvé dans cette ville, alors ville libre de l'Empire, une monarchie sans tyrannie, une aristocratie sans factions, une démocratie sans tumulte, des richesses sans luxe, la félicité publique sans arrogance. « Que « peut-on imaginer de plus heureux que cette « harmonie", ajoute ce grand homme, « c'est là « que le divin PLATON, s'il avait plu aux dieux « de le placer dans une telle cité, aurait pu « réaliser tout le bonheur qu'il voulait procurer « à sa république idéale."

Ce mémoire fut inséré, ainsi que plusieurs autres que notre professeur composa pour la même société, dans ceux de la classe des sciences historiques et politiques de l'Institut.

L'année suivante, il fut nommé membre du jury d'instruction auprès de l'école centrale, et membre de la société d'agriculture du département du Bas-Rhin. Bientôt après il commença à faire imprimer sa *Table des traités entre la France et les puissances étrangères, depuis la paix de Westphalie jusqu'à nos jours ; suivie d'un recueil de traités et actes diplomatiques qui n'ont pas encore vu le jour :* ouvrage dans lequel il publia une centaine de traités et de pièces diplomatiques qui n'avaient encore jamais été communiqués au public, et que ses liaisons dans les différentes cours et auprès des principales archives de l'Europe l'avaient mis à même de recueillir. C'est là que fut imprimé, entre autres, pour la première fois l'acte de cession de l'Alsace à la France d'après le traité de 1648, tel qu'il est conservé dans les archives des affaires étrangères de Paris. Acte qui établit la souveraineté de la France sur cette province d'une manière plus absolue que ne le fait le traité de paix lui-même, et dont notre professeur s'était servi pour le rapport sur les indemnités à accorder aux princes étrangers possessionnés en Alsace, qu'il fit en 1792, comme Président du comité diplomatique.

Pendant qu'il était occupé de l'impression de cet ouvrage, des intérêts qui ont toujours tenu une grande place dans ses affections, le forcèrent de nouveau à se livrer à des affaires publiques et finirent par le ramener sur le grand théatre de la politique.

La réorganisation du culte catholique en France fit concevoir aussi aux Protestans d'Alsace le desir de voir leur régime ecclésiastique rétabli sur de meilleures bases. Leur culte, dont l'instruction des fidèles dans la morale évangélique forme la partie la plus essentielle, avait traversé, quoique en gémissant des désordres si opposés à cette morale, les orages de la révolution, sans en recevoir des atteintes aussi violentes que le culte catholique; mais leur régime ecclésiastique était tombé dans une grande confusion. Le pouvoir religieux étant regardé, dans les principes des Protestans, comme une émanation de l'association religieuse elle-même, et cette association étant subordonnée, pour les intérêts civils, au corps politique dont elle fait partie, l'administration de chaque église est confiée à des anciens ou préposés, pris dans cette église même, et celle de plusieurs églises réunies dépend de consistoires, composés en partie de laïques et en partie d'ecclesiastiques de ces différentes églises, placés, quant aux intérêts civils, sous la surveillance et la protection immédiate des gouvernemens.

En Alsace ces consistoires dépendaient, avant la révolution, soit des Magistratures des villes, soit des Princes étrangers qui avaient des possessions territoriales dans ce pays. Ce régime fut nécessairement ébranlé par la suppression de ces autorités. Les consistoires ou cessèrent d'exister, ou du moins leur surveillance et la part plus ou moins grande qu'ils avaient, selon les usages locaux, à la nomination des pasteurs, devint à peu près nulle. Dans les communes rurales surtout, ces nominations avaient dégénéré en élections populaires sans aucune direction éclairée.

Lorsque l'on put songer à porter un remède à ce mal, les églises de Strasbourg nommèrent, pour s'occuper de ce soin, une commission dont M. Koch fut un des principaux membres. Il rédigea, de concert avec ses commettans et secondé par les ecclésiastiques les plus respectables de son culte, un exposé général des principes des Protestans, et un projet d'organisation, qui devint, avec quelques modifications, la base du titre de la loi du 18 Germinal an X, relatif aux Protestans de la confession d'Augsbourg.

- Peu de temps avant la publication de cette loi, au mois de Mars 1802, il fut nommé, sans s'y attendre, par le Sénat conservateur, membre du tribunat.

« Si je n'avais considéré dans cette occasion « que mes propres dispositions," dit-il à ce sujet dans ses notes, « je n'aurais point hésité à refu- « ser cet honneur. A mon age, avec ma manière « de voir et de sentir, il devait m'être assez dur « de quitter des occupations littéraires que je « chérissais, pour remonter encore une fois sur « un théatre qui ne pouvait avoir aucun attrait « pour moi. Je ne pus être déterminé à faire « ce nouveau sacrifice à la chose publique, que « par l'intérêt que je prenais à notre instruction « publique et au rétablissement de notre régime « religieux, ainsi que par la confiance que mes « concitoyens avaient placée en moi relativement « à ces objets." Le désintéressement avec lequel il refusa, lors de la dissolution de ce corps, des offres assez brillantes, prouva la sincérité de ces sentimens.

Il partit pour la capitale au mois de Mai, et se proposa au Tribunat pour la section de l'in- térieur, où se traitaient les affaires dont il de- sirait surtout s'occuper. Mais la loi sur les cultes étant déjà rendue et les discussions sur celle relative à l'instruction publique étant également déjà terminées dans le corps auquel il venait d'être aggrégé ; c'était au gouvernement qu'il fallait s'adresser pour obtenir les modifications, ou les additions, qu'exigeaient ces loix pour l'intérêt de ses commettans, et pour faire arrêter définitivement les moyens d'exécution de celle sur les cultes.

Il conféra à ce sujet avec le conseiller d'état Fourcroy, qui avait eu la plus grande part à la rédaction de la loi sur l'instruction publique. Il lui exposa surtout combien il était juste et nécessaire de conserver aux Protestans de la ville de Strasbourg les restes de leur ancienne Université, le seul établissement français où des pasteurs de ce culte pouvaient recevoir une instruction convenable. M. Fourcroy l'engagea à faire un mémoire sur ce que cette Université avait été avant la révolution, sur ce qu'elle était devenue par la révolution, et sur ce qu'elle pourrait devenir, par une organisation conforme aux lois de l'état et accommodée aux besoins particuliers de notre ville.

Cette Académie avait été fondée, dès son origine au XVI.e siècle, pour l'instruction littéraire et théologique des Protestans de la confession d'Augsbourg, et dotée sur des fonds ci-devant appliqués à un usage religieux. Les fondations dont elle jouissait lui avaient été conservées par le traité de paix de religion de l'Empire de l'an

1555, par le traité de Westphalie de 1648, par la capitulation de la ville de Strasbourg de 1681, et par les lois de l'assemblée constituante du 17 Août et du 1.er Décembre 1790, relatives aux biens ecclésiastiques. Ayant été érigée en Université en 1621, elle avait, depuis cette époque, les quatre facultés, de théologie, de droit, de médecine et de philosophie ; mais elle avait éprouvé, pendant la révolution, par la suppression des dixmes sécularisées et des droits féodaux, ainsi que par des remboursemens en assignats, des pertes considérables qui forçaient à une réduction dans le nombre de ses fonctionnaires, tandis que les progrès des sciences théologiques chez les Protestans exigeaient que l'enseignement de ces sciences et de celles qui y préparent fût plutôt augmenté que diminué. Il était donc naturel de proposer, que par la suppression des autres facultés et par l'aggrandissement de celle de théologie et des études préparatoires, cette Académie, rendue à sa destination primitive, devint l'une des Académies protestantes, ou Séminaires protestans, qui d'après la loi sur les cultes, devaient être formées à l'Est de la France. Tel fut le parti que prit M. Koch dans le mémoire qu'il adressa à M. Fourcroy ; en insistant en même temps sur le prompt établissement d'une école de droit et sur la réalisation de la promesse, qui avait été faite à notre ville par l'article 25 du Titre V de la loi du 11 Florial an X, d'y placer une école particulière de géographie, d'histoire et d'économie politique. *)

La transformation effective des restes de notre ancienne Université en Académie protestante concernait le Ministre des cultes, auquel M. Koch adressa un nouveau mémoire à ce sujet, et duquel il obtint plusieurs décisions importantes sur les moyens d'exécution de la loi qui devait regler notre organisation religieuse.

Il pressa en même temps la nomination d'un Président du Consistoire général, qui pût se concerter avec les autorités locales et fournir au Ministre tous les renseignemens nécessaires pour cette organisation.

M. Kern, qui avait été, pendant une longue suite d'années, membre du Consistoire de la régence de Bouxviller, et dont la prudence et les lumières étaient généralement reconnues, fut nommé à cette importante fonction. Il arriva à Paris au printemps de l'an 1803, et l'organisa-

---

*) Malheureusement cette école, qui aurait rétabli et continué l'une des institutions par lesquelles notre ancienne Université avait surtout brillé et rendu des services essentiels à la France et à l'Europe, ne fut jamais établie.

tion générale du culte protestant de la confession d'Augsbourg, ainsi que celle du Séminaire,
ou de l'Académie protestante, de Strasbourg furent arrêtées le 30 Floréal an XI.

Pendant ce temps et les années suivantes,
notre Tribun fit au corps, dont il était membre,
un assez grand nombre de rapports sur des objets d'utilité publique, tant en faveur des départemens du Rhin que pour d'autres parties de la
France. Il lut aussi différens mémoires à l'Institut,
et prit part aux travaux de l'Académie de législation et de la Société statistique.

En 1805, il fit, avec un de ses neveux, un
voyage à Ratisbonne, pour revoir son frère,
auprès duquel il passa quelques semaines à la
campagne au sein du repos et de l'amitié.

A son retour, il s'occupa d'une nouvelle édition de son Tableau des révolutions de l'Europe,
dont il avait augmenté les matériaux et amélioré
la disposition par beaucoup de recherches nouvelles, par les cours qu'il donna sur cet objet et
par des méditations constantes. Cet ouvrage, qui
déja avait attiré l'attention de l'Europe savante
en 1771, lorsqu'il fut livré à l'impression à
l'insçu de l'auteur, parut en 1807 avec un succès vraiment éclatant.

« On doit à trente années de recherches, »
dit le rapport de la 3.e classe de l'Institut sur

les progrès des sciences historiques depuis 1789,
« l'ouvrage que M. Koch vient de mettre au
« jour. Ce livre manquait à notre littérature et
« on ne peut trop en recommander l'étude. Il
« renferme, dans un petit espace, ce que l'on ne
« trouve souvent pas dans les grandes histoires;
« les lieux qu'ont occupés les différens peuples
« dans le temps où l'on a commencé à les con-
« naître, leur établissement dans les pays où
« nous les voyons aujourd'hui, leurs progrès ou
« leur décadence, et les causes des grands événe-
« mens dont l'Europe a été le théatre. C'est en
« quelque sorte l'arbre généalogique des faits
« importans qui sont développés dans l'histoire,
« et ils sont peut-être plus frappans dans l'ou-
« vrage de M. Koch, parcequ'ils sont dépouillés
« des détails qui troublent quelquefois l'atten-
« tion. C'est savoir l'histoire de l'Europe que
« de bien connaître ce livre ; il ne reste plus
« à apprendre que les circonstances subordon-
« nées."

On peut ajouter à cet éloge, que l'auteur a as-
signé, à proportion de l'espace resserré de son
cadre, une bien plus grande place que celle
qu'on leur accordait autrefois, à ces découvertes
et à ces inventions utiles, à ces perfectionnemens de l'industrie et de l'ordre social, qui sans
se montrer avec un vif éclat dans les commencemens,

cemens, se développent et s'agrandissent avec le temps, et changent peu à peu la face du monde pour le bonheur de l'humanité. C'est par cette attention à des faits, dont un esprit qui embrasse l'ensemble des choses, sent seul toute l'importance, que l'histoire remplit ses plus nobles fonctions; en devenant la gardienne fidèle des trésors légués par les siècles passés aux siècles futurs et la bienveillante institutrice du genre humain.

Quelque temps avant la suppression du tribunat on proposa à notre Professeur d'être Secrétaire d'état dans un royaume voisin, et lors que cette suppression eut lieu, on lui offrit le choix de telle place publique qu'il pourrait desirer. Il s'y refusa, sous le prétexte de son âge avancé, et en disant à ses amis qu'il fallait mettre un intervalle entre les affaires et la mort.

Il lui fut accordé une pension de retraite de 4000 francs et il retourna dans ses foyers au commencement de l'an 1808.

Il fut nommé, la même année, Doyen d'honneur du conseil de discipline de l'école de droit, et au commencement de l'année suivante Président de la société des sciences et des arts. C'est en cette qualité qu'il prononça le discours sur la gloire littéraire de la ville de Strasbourg, dont nous avons cité un passage en parlant de l'école de diplomatie fondée par M. Schoepflin. Enflammé par une admiration généreuse pour tous les genres de mérites, et par un vif attachement pour la ville à la gloire de laquelle il n'a pas peu contribué lui-même, l'orateur y passe en revue tout ce que cette ville a produit d'intéressant pour la littérature et les arts, depuis la renaissance des lettres et l'invention de l'imprimerie, jusqu'au temps présent et aux services qu'y avaient rendus, ou que rendaient encore, aux lettres et aux arts, ses contemporains et ses collégues.

L'activité de son propre zèle pour tout ce qui pouvait être utile à cette ville et à ses concitoyens, y soulager le malheur, faire prospérer les établissemens de bien public, ou propager le goût des études solides; ne fit que redoubler à cette époque de sa vie, où il avait refusé, avec tant de désintéressement, ainsi que par une prévoyante prudence, des offres qui auraient tenté toute ambition vulgaire.

Appelé à la commission administrative des hospices de bienfaisance, il s'occupa de cette administration avec le zèle le plus ardent et le soin le plus scrupuleux, et y rendit de grands services jusqu'à la fin de sa vie.

Il fut nommé, à peu près en même temps, Doyen à vie de la fondation de Saint-Thomas, membre laïque de l'inspection du Temple neuf et député au Consistoire général du culte protestant. Le 25 Août 1810 il fut élu membre du Directoire de ce Consistoire. Vers la fin de la même année, le Grand-Maître de l'Université lui conféra, « en considération des services distin-« gués qu'il n'avait cessé de rendre aux sciences « et aux lettres, par ses leçons et ses écrits," le titre de Recteur honoraire de l'Académie de Strasbourg, et au commencement de l'an 1812, il fut nommé Président honoraire du Conseil académique, formé à cette époque.

Habitué, dès sa jeunesse, à mettre tous ses momens à profit, et continuant dans cet âge avancé à se lever et à commencer son travail chaque jour à cinq heures du matin, il trouva moyen de porter, sans interrompre ses occupations littéraires, dans chacune de ces fonctions toute l'activité qu'elle exigeait, et de contribuer, par ses travaux matériels et ses soins constans, autant que par ses lumières, au bien-être et à la régularité du service de plusieurs des administrations auxquelles il avait été appellé.

A coté de toutes ces fonctions diverses il fit réimprimer, en 1810 à Paris et à ses frais, ses tablettes chronologiques, à l'usage du Gymnase de Strasbourg, et en distribua gratuitement plusieurs centaines d'exemplaires aux maîtres et aux élèves de cette intéressante école ; dont il secourait aussi en particulier plusieurs élèves distingués, par des dons de livres et de cartes géographiques ou par d'autres actes de bienfaisance.

Il s'occupa ensuite d'une nouvelle édition de son tableau des révolutions de l'Europe, dans laquelle, entre autres perfectionnemens, il ajouta aux cartes géographiques représentant la distribution politique de l'Europe aux différentes époques de l'histoire moderne, dont il avait déja enrichi l'édition précédente , deux cartes nouvelles pour les années 1300 et 1453. Ces cartes exigeaient des recherches très-approfondies sur plusieurs parties assez obscures de la géographie du moyen âge, et furent exécutées, ainsi que les précédentes, avec une exactitude et une précision remarquables. L'auteur y travailla pendant plusieurs mois, trois ou quatre heures par jour, avec un dessinateur habile.

Il reprit en même temps son ancien travail sur les généalogies des maisons souveraines de l'Europe, dont le premier volume avait paru en 1780. *) Les matériaux pour cet ouvrage

---

*) Voyez ci-dessus p. 18.

s'étaient successivement accrus par les communications qu'il avait su se procurer des archives de différentes cours, et il se voyait en état de dissiper des obscurités qui jusques-là avaient arrêté tous les savans, et de faire disparaitre de l'histoire des fables universellement accréditées. Cet espoir, et la difficulté même du sujet, ne fit qu'irriter de plus en plus son zèle passionné pour la vérité historique, et l'impatiente persévérance qu'il mit à ce travail finit par devenir funeste à sa santé. « Imprudence généreuse," dit à ce sujet, son collègue au Rectorat de l'Académie de Strasbourg, M. de Montbrison, dans un discours prononcé lors de ses obsèques, « noble dévouement au travail, à l'instruction, « à la gloire, dévouement étranger aux âmes « vulgaires, où la puissance de la pensée, deve- « nue le plus cher besoin de ceux qu'elle anime, « prédomine sur toutes les autres facultés et sur « l'existence même."

Quoique M. Koch n'eut jamais joui des avantages d'un tempérament robuste, la vie sobre et réglée qu'il menait, travaillant toute la matinée debout, dinant très-frugalement, même au milieu des tables les plus somptueuses, ne soupant jamais et se couchant à dix heures, l'avait conduit, à travers les événemens variés de sa vie, jusqu'à l'âge de soixante quinze ans , sans que sa santé eût jamais éprouvé des atteintes graves. Pour se délasser de ses occupations et pour reprendre de nouvelles forces , il allait ordinairement passer quelques semaines de la belle saison à des eaux minérales. En 1810, il avait été à celles de Schwalbach et avait rapporté de ce voyage des souvenirs intéressans, par les connaissances qu'il y fit ou qu'il y renouvella et par les objets d'antiquité, ou d'autres curiosités, qu'il observa pendant la route. En 1811 il s'était contenté d'eaux minérales plus rapprochés de notre pays. Mais en 1812 , au lieu d'aller aux eaux, il se retira à sa campagne , pour s'y livrer, avec encore plus d'assiduité, aux recherches laborieuses dont nous venons de parler et en continuant le régime sévère que nous avons décrit. Sés forces physiques n'y suffirent point, ses fonctions digestives se dérangèrent , ses pieds s'enflèrent et bientôt il lui survint un abattement général, qui le rendit également incapable aux exercices du corps et au travail de l'esprit.

Il revint en ville , consulta un médecin habile *) et se ranima d'abord assez sensiblement.

---

*) M. le Docteur Reisseissen , qui a bien voulu nous communiquer un extrait de ses notes sur la marche de cette maladie, dont nous avons tiré ces détails.

Il reprit, quoiqu'avec plus de ménagement, ses occupations favorites. et trouva même moyen de remplir une partie des fonctions publiques dont il était chargé. Mais l'hiver s'avançant, et le convalescent continuant, avec trop de courage, à travers la neige et les glaces, des promenades qui d'abord lui avaient été salutaires, il s'attira un refroidissement et une affection rhumatismale qui en se fixant aux viscères du bas ventre, lui causa une atonie des voies alimentaires, des souffrances qui le privaient de tout repos pendant la nuit, et un état de langueur dont il ne fut plus possible ni à l'art ni à la nature de le relever.

Cependant, au printemps et durant une partie de l'été, il continua de nouveau son travail sur les généalogies et corrigea les épreuves des premières tables. S'il ne put point mettre lui-même la dernière main à cet ouvrage, il eut du moins le plaisir de voir paraître encore la nouvelle édition de son tableau des révolutions, à laquelle il avait mis également les plus grands soins. Un rapport très-intéressant sur ce travail de toute sa vie, que M. Chabot de l'Allier, son ami particulier, fit au conseil de l'Université et vint apporter lui-même à l'auteur, avec un arrêté de ce conseil qui recommanda de nouveau ce livre à l'Ecole normale, aux Lycées et aux Académies, fut le dernier succès littéraire dont il jouit, et auquel il fut d'autant plus sensible que le charme de l'amitié y était mêlé à une appréciation aussi juste qu'obligeante de son ouvrage.

Il se rendit, au mois de Septembre, aux bains de la Houb, situés au pied des montagnes de la forêt noire. Il y passa trois semaines dans la société de son estimable collègue au Directoire et au Séminaire protestant, M. BLESSIG que nous venons de perdre. Il y fut témoin des approches de la fin de ce système de bouleversement de l'Europe, qu'il avait pendant si longtemps combattu en vain, et communiqua à ce sujet à ses amis des réflexions pleines de justesse et de profondeur. Mais malheureusement ses forces, que ces souvenirs honorables et les soins empressés dont il était entouré, auraient dû conserver pour une époque plus fortunée, dépérissaient de plus en plus. A son retour, il se rendit à sa campagne et voyait approcher de plus près ce terme de la vie qu'il envisageait depuis longtemps avec le calme du sage et avec les espérances religieuses de l'homme de bien. Il invita un jour à cette campagne plusieurs de ses amis et collègues pour un véritable repas d'adieux, auquel il présida avec sa tranquillité d'âme ordinaire.

Il revint à Strasbourg au commencement du mois d'Octobre, et conservant, à travers des souffrances presque continuelles, toute l'intégrité de ses facultés intellectuelles jusqu'au dernier moment, il termina sa carrière terrestre le 25 Octobre 1813 à une heure après midi.

Il n'avait point négligé pendant sa maladie les douces et imposantes consolations de la religion chrétienne, pour laquelle il avait toujours professé un zèle aussi sincère qu'éclairé. A ses obséques M. EISSEN, pasteur de sa paroisse, et M. de MONTBRISON, Recteur de l'Académie, prononcèrent, dans sa demeure, des discours où ils célébrèrent les qualités morales et le mérite littéraire du défunt, et M. BLESSIG retraça, du haut de la chaire du Temple neuf, avec cette éloquence et cette chaleur d'ame que nous avons si souvent admirées, les vertus et les talens de son collègue, ainsi que les services qu'il avait rendus à son pays, à sa communion religieuse, à l'instruction publique et aux sciences historiques.

C'est ainsi que s'écoula l'honorable carrière d'un homme digne de servir d'exemple, autant par les nobles principes qui ont toujours dirigé sa conduite, que par l'usage qu'il a fait des heureux dons que la nature lui avait accordés. Dès sa jeunesse il avait étendu ses connaissances par les travaux les plus assidus ; il n'avait cessé de brûler de la plus noble flamme pour le bien public ; l'honneur lui était plus cher que la vie ; et l'attachement le plus inviolable à ses devoirs, la passion du vrai et de l'honnête, ainsi qu'un vif désir d'acquérir une réputation méritée, avaient guidé tous ses pas.

M. Koch avait connu toutes les jouissances de l'amitié, il montra constamment le plus tendre attachement à tous les membres de sa famille. Une sœur, avec laquelle il a toujours vécu dans l'accord le plus parfait et qui le pleure encore, prenait soin de ses affaires domestiques. S'il n'a jamais contracté de lien conjugal, ce n'est point que son cœur fut insensible aux charmes de cette union sacrée ; il en exprime lui-même ses regrets dans une note écrite vers la fin de sa vie, en disant que les circonstances seules et l'interruption de sa carrière paisible, par la révolution, l'en avaient empêché.

« Mon désir le plus intime, » dit-il au même endroit, « a toujours été de remplir fidèlement « et selon la mesure de mes forces, mes devoirs « de Professeur et de citoyen. Si ma longue car- « rière a souvent été troublée par de sombres

« nuages, je dois aussi rendre grâce à la bonté
« divine, d'avoir non seulement versé sa béné-
« diction sur mes efforts pour l'instruction de la
« jeunesse ; mais de m'avoir aussi mis en état
« de rendre, au milieu de cette terrible révolu-
« tion qui nous a frappés, quelques services à
« mes concitoyens et surtout à nos affaires reli-
« gieuses."

Il parle en même temps de ses regrets de ce
que les affaires publiques ont interrompu quelques - uns de ses travaux littéraires et ne lui ont
point permis d'achever plusieurs ouvrages qu'il
avait commencés. Ses concitoyens le béniront
à jamais de ce généreux sacrifice, et le Séminaire
protestant, qui lui doit son existence actuelle,
ne cessera d'en conserver un souvenir recon-
naissant.

Dès l'an 1803, ce corps avait demandé à M. Koch
la permission de faire faire son portrait, pour
le suspendre dans le lieu de ses séances, et ce
portrait très - ressemblant, exécuté par le peintre
Robert Lefèvre, fut en effet placé dans cette
salle en 1807. A la mort de notre collègue le
même corps arrêta qu'il lui fût érigé un monument dans le temple de S.ᵗ - Thomas, auprès de
celui de M. Schoepflin.

Ce monument vient d'être exécuté par M.
Ohmacht, sculpteur très - habile que possède

notre ville. Il représente le buste du défunt, auquel la ville de Strasbourg, dont le Séminaire a cru pouvoir être l'interprête dans cette occasion, présente une couronne de feuilles de chêne. Auprès de cette figure, assise devant le piédestal du buste, un génie pleure la mort du savant et tient sous le bras quelques rouleaux qui indiquent ses ouvrages.

Sur la base du monument on lit l'inscription suivante :

CHRISTOPHORO GUILIELMO KOCH

HISTORIAR. ET JUR. PUBL. IN ACAD. ARGENT. PROFESSORI

PER CUMULATARUM DIGNITATUM MUNERUMQUE

HONORIFICUM DECURSUM

DE RE CIVILI ECCLESIASTICA LITERARIA

PRAECLARE COMMERITO

GRATAE CIVITATIS INTERPRETES

COLLEGAE THOMANI POSUERE.

OBIIT ANNO MDCCCXIII. VIXIT ANNOS LXXVI.

Mais ce qui survivra à tous les monumens, c'est la plus noble partie de lui-même, c'est son âme vertueuse et pure ; ce sont les vérités utiles qu'il a répandues et les progrés qu'il a fait faire aux connaissances historiques ; c'est le bien qu'il a fait, et celui que propageront dans l'avenir les élèves illustres qu'il a formés , et les établissemens religieux et civils, d'instruction publique et de bienfaisance, que son zèle et ses efforts ont préservés de la ruine dont les menaçait notre crise politique, et dont ses soins et ses lumières ont renouvellé l'existence.

LISTE DES PRINCIPAUX OUVRAGES
DE M. KOCH.

Commentatio de collatione dignitatum et beneficiorum ecclesiasticorum in Imperio Romano - Germanico. Argentorati 1762. 1 vol. in 4.º

Tables généalogiques des maisons souveraines de l'Europe. Strasbourg 1780. un vol. in 4.º

Sanctio pragmatica Germanorum illustrata. Argent. 1789. un vol. in 4.º

Tableau des révolutions de l'Europe dans le moyen âge. Strasbourg, 1790. 2 vol. in 8.º

Abrégé de l'histoire des traités de paix entre les puissances de l'Europe. Bâle, 1796. 4 vol. in 8.º

Table des traités entre la France et les puissances étrangères, suivie d'un recueil de traités et d'actes diplomatiques qui n'ont jamais vu le jour. Bâle, 1802. 2 vol. in 8.º

Tablettes chronologiques des révolutions de l'Europe. Imprimées plusieurs fois séparément, tant à Strasbourg qu'à Paris, et insérées dans l'ouvrage suivant.

Tableau des révolutions de l'Europe depuis le bouleversement de l'Empire Romain en Occident, jusqu'à nos jours. Paris, 1807. 3 vol. in 8.º

Nouvelle édition du même ouvrage. Paris, 1813. 4 vol. in 8.º

Tables Généalogiques des maisons souveraines du Nord et de l'Est de l'Europe, ouvrage posthume de M. de Koch, publié par F. Schoell. Première livraison. Paris, 1815. un vol. in 4.º